AF613484

8e Vente VIGNÈRES (N° 46)

PORTRAITS
ANCIENS

PAR

Audran — Barbié — Carmontelle — L. Cars
Cathelin — Chevillet — Choffard
Cochin — Daullé
Drevet — Duflos — Edelinck — Gaucher — Ingouf — Le Beau
Le Mire — de Launay — Mme Lingée — de Longueil
de Marcenay — Miger — Moreau le jeune
Poilly — Prévost — Saint-Aubin
Schmidt — Van Schuppen — Simonneau — Vangélisty
Watelet — Wiérix, etc.

VENTE

HOTEL DROUOT — SALLE N° 4

Les Jeudi 3 et Vendredi 4 Décembre 1885

A UNE HEURE ET DEMIE

Me Maurice DELESTRE
COMMISSre-PRISEUR
Rue Drouot, n° 27

M. DUPONT aîné
MARCHAND D'ESTAMPES
Rue de Seine, n° 21

PARIS — 1885

CATALOGUE (N° 46)

DE

PORTRAITS

ANCIENS

PAR

Audran — Barbié — Carmontelle — Le Cars
Cathelin — Chevillet — Choffard
Cochin — Daullé
Drevet — Duflos — Edelinck — Gaucher — Ingouf — Le Beau
Le Mire — de Launay — Mme Lingée — de Longueil
de Marcenay — Miger — Moreau le jeune
Poilly — Prévost — Saint-Aubin
Schmidt — Van Schuppen — Simonneau — Vangélisty
Watelet — Wiérix, etc.

8e VENTE

Par suite du décès de M. VIGNÈRES

MARCHAND D'ESTAMPES

HOTEL DES COMMISSAIRES-PRISEURS

RUE DROUOT, 9, SALLE N° 4

Les Jeudi 3 et Vendredi 4 Décembre 1885

A UNE HEURE ET DEMIE

Par le ministère de Me **Maurice DELESTRE**, Commissaire-Priseur,
rue Drouot, 27,

Assisté de **M. DUPONT aîné**, Marchand d'Estampes,
rue de Seine, 21.

PARIS — 1885

CONDITIONS DE LA VENTE

Elle sera faite au comptant.

Les Acquéreurs paieront CINQ POUR CENT en sus des enchères, applicables aux frais.

M. DUPONT se réserve la faculté de réunir ou de diviser les lots.

ORDRE DES VACATIONS

Jeudi 3 Décembre

Portraits.................... Nos 1 à 250

Vendredi 4 Décembre

Portraits.................... Nos 251 à la fin.

DÉSIGNATION

1 **Adam** (J.). Marie-Louise, reine de Hongrie; Marie-Louise de Bourbon, infante d'Espagne; Gédéon, baron de Loudon; le Comte d'Ursin et de Rosenberg; Joseph II, empereur, etc. 10 p.; la plupart avec l'adresse d'Artaria.

2 **Aliamet**. Noël Hallé, d'après Denon, in-8. Ep. avant la lettre, toute marge.

3 — Le même personnage, in-4. 2 très belles ép. dont une du 1er état avec le nom en petit caractère.

4 **Andouart**. Frontispice avec les portraits en médaillon du comte de Montecuculi et du comte Turpin de Crissé, in-4. Belle ép.

5 **Audran** (B.). Entête de page avec le médaillon de Louis XV enfant, soutenu par Minerve et l'Immortalité, d'après Coypel. 2 ép. avant le texte au verso, dont une avant les noms d'artistes.

6 **Audran** (J.) Adrien Baillet, Claude Chérier, Clément d'Affincourt, le maréchal d'Estrées, etc. 7p., belles ép.

7 **Aubert** (M.). Louis, dauphin de France, d'après La Tour. Belle ép., toute marge,

8 — François Rivard, professeur de philosophie à l'Université de Paris, d'après Valade. Très belle ép., toute marge.

9 **Balécheu** (J.). Prosper Jolyot de Crébillon, Jean-L. Petit; Marie de Rohan, duchesse de Chevreuse; Ch. Porée, jésuite, etc. 7 p., belles ép.

10 **Barbié.** Catherine II, impératrice de Russie. Très belle ép., toute marge.

11 — F. de Chevert, d'après Tischbein. 2 ép., dont une avant la légende en bas.

12 — Le Comte d'Estaing. — Turenne. — J.-J. Rousseau. — Joseph II. — Pasquier Quesnel. 5 p.

13 **Baron** (C.). Buffon, d'après Drouais. — René de Caradeuc de la Chalotais. — Victor Tristant, d'après Cochin. 3 p., belles ép.

14 **Baron** et John **Faber.** William, duc de Cumberland, à cheval, d'après Wootton. 2 p., très belles épreuves.

15 **Bartolozzi** (F.). Giuseppe Haydn, d'après Ott. Belles ép.

16 **Bause.** Christiane-Henriette Koch, Salomon Gesner, Leibnitz, Moses Mendelssohn, Wieland, Winkelman, etc. 23 p. Belles ép.

17 **Bazin** (N.). M. Hélyot, le P. Antoine Verjus, etc. 4 p.

18 **Beauvarlet.** Charles de Relongue.— L'abbé Nollet en deux états. — Le duc de Bourgogne. — B.-G. Sage. — Le P. Sylvain Pérussault. 6 p., belles ép.

19 **Beljambe** (P.). Bailly, maire de Paris, d'après Monnet. Très belle ép. en couleur, avant l'adresse du graveur, toute marge.

20 — Le vertueux Joseph Cange, d'après Legrand. Très belle ép., toute marge.

21 **Benoist**. Diderot, d'après Greuze. Ep. avant toutes lettres.

22 — Le même Portrait. 2 très belles ép. dont une avant le numéro, grandes marges.

23 — Fr. Floncel, bibliophile; Montesquieu, Pierre le Grand, le docteur Young, etc. 7 p.

24 **Bergh**. F. Van der Linden, Michel Ophovius et autre, d'après Rubens. 3 p., belles ép.

25 **Boizot** (Marie L.). Joseph II, empereur.—Jean-Jos. Bruté. 2 p., belles ép.

26 **Boulanger** (J.). David Laigneau, médecin. — L. Barbedor. — René de Ceriziers. — Le P. Gibieuf, de l'Oratoire. — Don Barthélemy des Martyrs. 5 p., belles ép.

27 **Bounieu**. Portrait d'homme, avant toutes lettres; avis aux lecteurs. 2 p.

28 **Bradel** (J.-B.). Prosper Jolyot de Crébillon, d'après Doyen. 2 ép., dont une à l'eau-forte pure, toute marge.

29 **Callot** (G.). Portrait de Doménico Péri, entouré d'instruments de labourage. Belle ép.

30 **Campion de Tersan**. Le prince Louis de Rohan-Guéménée, d'après Cochin. 2 ép., dont une à l'eau-forte pure.

31 — M. de St-Amand, Fermier général. — Portrait de femme, de profil. 2 p., belles ép.

32 — Fr. de Régny, — N. de Verri, auditeur de Rote. 2 p.

33 **Carmona** (M. Salvador). Le fils de P.-P. Rubens, d'après lui-même. 2 ép., dont une avant toutes lettres.

34 **Carmontelle**. Durey de Meynières, président de la Chambre des requêtes, à cheval sur une chaise, par Delafosse. Belle ép.

35 — Durey de Bourneville, lieutenant aux Gardes, par Delafosse. Belle ép.

36 — Benjamin Franklin assis près d'une fenêtre, par Née. Très belle ép., grandes marges.

37 — Trudaine de Montigny, assis, tenant un livre sur ses genoux. Très belle ép. avant la lettre.

38 — Joseph Xaupi, assis devant une bibliothèque. Belle ép.

39 **Cars** (L.). Edme Bouchardon, d'après Cochin le fils. Eau-forte pure.

40 — François Boucher, peintre, d'après Cochin. Très belle ép. marge.

41 — Jean-Siméon Chardin, d'après Cochin. Belle ép., toute marge.

42 — P. Prault, imprimeur, d'après Cochin. 2 ép., dont une avant les noms d'artistes.

43 — Michel-Ange Slodtz. — Paul-Ambr. Slodtz. — Séb.-Ant. Slodtz. 3 p., belles ép., toute marge.

44 **Cathelin**. La comtesse d'Artois, d'après Drouais, in-fol. Très rare épreuve avant toutes lettres.

45 — Portrait de Bossuet, d'après Rigaud, in-8. 2 ép., dont une avant la lettre, toute marge.

46 — Victor, duc de Broglie, maréchal de France, d'après Aubry. Belle ép.

47 — Le capitaine Cook. 2 ép., dont une avant toutes lettres, grandes marges.

48 — J.-Ph. Le Bas, graveur du roi, d'après Cochin. Très belle ép., avant toutes lettres.

49 **Cathelin.** Le même portrait. Très belle ép.

50 — P.-Noël Le Cauchois, avocat au Parlement de Normandie, d'après de Noirreterre. Très belle ép., toute marge.

51 — Charles Linné, d'après Roslin, in-8. Belle ép., toute marge.

52 — Marie-Thérèse, reine de Hongrie et de Bohême, d'après Ducreux. Très belle ép.

53 — La comtesse de Provence, d'après Drouais, in-fol. Très belle ép., toute marge.

54 — Grétry, d'après Mme Le Brun. — Piccini, d'après Robineau. 2 p., très belles ép.

55 — L.-F. Prault fils. — Joseph Vernet, d'ap. Cochin. 2 p., belles ép.

56 — Buffon, in-12, avant et avec la lettre ; Fréd.-Guill. Boërs, d'Alembert, Diderot, etc. 7 p.

57 — J.-C. Caffin, Godefroy de Villetaneuse, J. Gosseaume, S.-D. Grosse, Trévilliers, ronds in-8, d'ap. Cochin. 8 p.

58 — Mme de Graffigny, Henri IV, avant et avec la lettre, Louis XVI, de Montcrif, etc. 12 p.

59 — Voisenon, Guill.-Fr. Rouelle, Le Tasse, Tite-Live, etc. 6 p.

60 **Chenu** (P.). Panard, Henri IV, François Ier en pied, Antoine Perrenot, etc. 7 p.

61 **Chéreau** (F.). Boileau, — Philippe d'Orléans, Régent, — Ch. Pavyot du Bouillon. 4 p.

62 — Bossuet, Jacques Saurin, Taffoureau de Fontaine, etc. 6 p.

63 **Chevillet.** Jean-Baptiste-Siméon Chardin, d'après lui-même, in-fol. Superbe ép., toute marge.

64 **Chevillet.** Buffon, d'après Drouais. — Hue de Miroménil, in-fol. 2 p.

65 — Lenoir, lieutenant de police, d'après Greuze. — Louis-Philippe d'Orléans, duc de Chartres. 2 p., très belles ép.

66 **Choffard** (P.-P.). Entête de page représentant Minerve tenant le portrait en médaillon de Louis XV, d'après Cochin. Belle ép., tirage hors texte.

67 — François, duc de La Rochefoucauld, d'ap. Petitot, in-8. Belle ép.

68 — Le Sérurier, écuyer, négociant à Saint-Quentin. Très belle ép., toute marge.

69 — Frontispice avec le buste de Mariette, d'après Cochin. — Frontispice des Métamorphoses d'Ovide. 2 p., belles ép.

70 — Charles Palissot, d'après Monnet. 5 ép. de deux planches différentes.

71 — Aug.-Louis de Rossel, capitaine des vaisseaux des armées navales de France, d'après François. Ép. non terminée, avant toutes lettres.

72 — Le même Portrait. Très belle ép. avant la lettre, toute marge.

73 — Le même Portrait. Très belle ép.

74 — Ch. de la Condamine, d'après Cochin. — Legrand Delaleu, d'après Nottó. 2 p., belles ép.

75 **Cochin** (C.-N.). Louis de Boissy, de l'Académie française, in-8. Eau-forte pure.

76 — Le même Portrait. 2 ép., dont une avant toutes lettres.

77 — Le comte de Caylus. 2 ép., dont une à l'eau-forte pure et avant l'entablement.

78 **Cochin** (C.-N.). François Benalius, abbé. 2 ép. sans noms d'artistes, dont une à l'eau-forte pure, avant toutes lettres.

79 — Chauvelin, conseiller au Parlement. Ép. à l'eau-forte pure avant toutes lettres, plus une ép. avec la lettre.

80 — Joachim Gras, trésorier de France. Belle ép.

81 — Le duc de Lavallière, bibliophile. 2 ép. dont une d'un 1er état in-4, avec les quatre vers.

82 — Le marquis de Marigny, de profil à droite. Belle ép.

83 — Le même Personnage, de profil à gauche. Très rare ép. à l'eau-forte pure, d'une planche qui n'a pas été achevée.

84 — Jean Restout, peintre. 2 ép. dont une du 1er état à l'eau-forte pure.

85 — A.-L. Séguier, avocat général du Parlement de Paris. 2 ép. dont une du 1er état, à l'eau-forte pure.

86 **Cochin** (D'après). Pierre E. de Fontanieu, par Miger. 2 ép. dont une avant toutes lettres, avec toute sa marge.

87 — Antoine Thomas, de l'Académie française, gravé par D***. 3 ép. en états différents.

88 — De Bette d'Etienville. — Le même Portrait, sous le nom du baron de Fages, in-4, sans noms d'artistes. 2 p., belles ép.

89 — Charles Duclos, historiographe de France; J.-B. Massé, peintre; De La Place, le prince de Turenne, Frontispice avec portrait du Tasse; Statue de Louis XV à Reims. 6 p., belles ép.

90 **Cochin** (D'après). Cliquot-Blervache, de Sommery, Touzay du Chenteau, Jomelli, Eust. Lesueur, etc. 12 p. dont une avant la lettre.

91 **Cossin** (L.). Jacques de Solleysel, avant la lettre, François Chauveau, avant l'adresse de Drevet, Jean Doujat, etc. 7 p.

92 **Coutellier** (F.). Joseph Ménier, de la Comédie italienne. Belle ép. en couleur.

93 **Couvay**. Nicolas Sévin, d'après Van Mol. Très belle épreuve.

94 **Croisier** (M.-A.). Claude Fauchet, évêque du Calvados. Très belle ép. avant les vers et l'adresse, grandes marges.

95 **Dagoty** (Gautier). Astruc, le comte de Caylus, Gilbert de Voisins, Mme de Graffigny, Louis XIV, Louis dauphin, Maupeou, Rameau, etc. 11 p. dont une en couleur.

96 **Daret**. François de Beauvilliers, comte de Saint-Aignan, De Montchal, archevêque de Toulouse, Saint-Cyran, Tristan l'Ermitte, etc. 6 p.

97 — Portraits de Personnages célèbres. 186 p.

98 **Daullé** (J.). Henri-Fr. d'Aguesseau, chancelier de France, d'après Vivien. Belle ép. du 1er état.

99 — Georges-L. de Berghes, archevêque de Lyon. 2 ép. dont une du 1er état avant que la planche ait été coupée à l'ovale.

100 — C.-N. Cochin fils, d'après lui-même. Belle ép., grandes marges.

101 — Marie-Thérèse, reine de Hongrie, d'après de Meytens. Très belle ép., grandes marges.

102 **Daullé.** Emmanuel Pinto, grand maître de l'Ordre de Malte. Très belle ép. du 1er état, avant les armes, marges.

103 — Melchior, cardinal de Polignac, d'après Rigaud. 2 ép., dont une du 1er état avec les quatre vers.

104 — Carle Vanloo, d'après Cochin. — D. Nonnotte. 2 p.

105 — Jean Astruc, d'après Vigée. — Charles de Baschi, marquis d'Aubais. 2 p., belles ép.

106 — Charles-Alexandre de Lorraine. — Fréderic-Auguste III. 2 p., belles ép.

107 — De Chastenet de Puységur; Louis, duc d'Orléans; Abr. de Fabert; Martin Pallu, etc. 13 p., belles ép.

108 **Defraisne.** Gustave III, roi de Suède; en bas la tête d'Ankarstroëm, in-8, belle ép.

109 **Demarteau.** Jacques-Louis Radix, d'après Cochin. Belle ép.

110 **Denon** (V.). Mme Mosion, coiffée d'un chapeau. Très belle ép., rare.

111 — Portraits d'hommes et de femmes, gravés à l'eau-forte. 15 p., plusieurs avant la lettre.

112 **Desprée** (J.-L.). Jean-Rod. Perronet de Chézy. 3 p., dont deux avant la lettre.

113 **Desrochers.** Henriette de Savoie, duchesse de Bavière; Ant. Hallé, Ch. Poerson, Marie, reine d'Angleterre, etc. 7 p.

114 **Drevet** (P.). Ch. de Cisternay du Fay, d'après Rigaud, in-8. Très belle ép., toute marge.

115 **Drevet** (P.-I.). Louis, duc d'Orléans, fils du Régent, d'après Coypel. Belle ép. du 1er état, avant l'inscription sur le socle.

116 **Drevet** (P.-I.). Louis de la Vergne de Tressan, archevêque de Rouen, agenouillé devant la Vierge, in-8 et in-fol. 2 p., belles ép.

117 — Claude Le Blanc, le baron de Bésenval, Louis prince de Dombes, L. Hideux, Marcellin Rolin, J.-B. Verduc, etc. 11 p.

118 **Duflos** (Cl.). Sébastien Le Clerc, dessinateur et graveur du Roy. Très belle ép. du 1er état, avant le collier autour des armes.

119 — Le même portrait. 2 p. avec des changements dans la lettre.

120 — Fr. de Harlay, archevêque de Paris; le comte de Laval, Jacques Geoffroy, Louis Tronson, le duc de Lesdiguières, etc. 10 p.

121 — Portraits tirés de l'Histoire généalogique de la maison de Gondy. 21 p., belles ép.

122 — Portraits divers, in-8 et in-4. 43 p., dont une avant la lettre.

123 **Duflos** (P.). De Lisle de Sales, d'après Borel, in-8. Très rare épreuve à l'eau-forte pure; plus une ép. avec la lettre.

124 **Duménil**. La comtesse d'Artois, d'après Campara. Belle ép.

125 **Dupin** fils. Charles-Philippe, comte d'Artois, d'après Hall. Très belle ép.

126 — Le baron de Longepierre, bibliophile. Très belle ép., rare.

127 — Jean-Nic. Moreau, chirurgien; — Antoine Portal, professeur de médecine au Collège de France. 2 p., belles ép.

128 **Duponchelle**. Marie Leckzinska, reine de France, d'après Nattier. Très belle ép., toute marge.

129 **Dupuis** (N.). Gaspard Duchange. — J.-B. Lemoine. — C. Parrocel, d'après Cochin. — Louis Gougenot, d'après Greuze. 4 p.

130 — Michel-Et. Turgot. — Jacques d'Heusy. — Louis, dauphin. — Le cardinal de Richelieu. 4 p. belles ép.

131 **Edelinck** (G.). Portrait de Bossuet, d'après Rigaud. Très belle ép. du 1er état, toute marge.

132 — Anne-Louise de Foix de la Valette d'Épernon, carmélite. Très belle ép., grandes marges.

133 — Esprit Fléchier, évêque de Nîmes, d'après Rigaud. Très belle ép.

134 — Évariste Ghérardi, de la Comédie Italienne. 4 ép.

135 — Louis XIV, buste couronné de lauriers. Ép. du 1er état.

136 — Pierre Surirey de Saint-Rémy, d'après Rigaud. Belle ép. du 1er état avec ces mots : *commisre provincial*....

137 — La Vén. Marie de l'Incarnation. — Mme de Miramion, in-4 et in-8. 3 p.

138 — Ferdinand de Furstemberg, d'après Michelin, 1er état ; — le même personnage, d'après Le Brun, in-fol. — Du Laury. — Ch.-Maurice Le Tellier, archevêque de Reims, 2e état. — Moréri. — Nic. Blampignon, Ch. Gobinet. 7 p., belles ép.

139 — Saint-Évremond, Claude de Sainte-Marthe, Louis XIV, Massillon, Jean Hérault, seigneur de Gourville, Nic. Vérien, etc. 10 p. in-8.

140 — Jacques de Tourreil, la Quintinie, Jean Rouillé, Furetière ; Isr. Silvestre, etc. 9 p.

141 **Edelinck** (G.). Ant. Arnauld, Bertin, Bloémart, Titien, Jacq. Savary, Entêtes de pages, le roi David, les Pères de l'Église, etc. 19 p.

142 — Portraits tirés de la *Galerie des Grands Hommes*, de Perrault. 54 p.

143 **Edelinck** (N.). Adrien Baillet. 2 ép.; dont une avant toutes lettres.

144 — Nicolas Malebranche, d'après Santerre. 2 ép. en états différents.

145 **Fessard** (Et.). Paul d'Albert de Luynes, d'après Latinville. Très belle ép.

146 — Fr.-Jac. Hoin, médecin; Alb. Floncel, bibliophile, en deux états. 3 p.

147 **Flipart**. Mme Favart, de profil, d'après Cochin. Très rare épreuve à l'eau-forte pure, un peu rognée en bas.

148 — Le même portrait. 2 ép., dont une du 1er état avec le nom du personnage dans la tablette et l'autre du 2e état avant les mots : *Frontispice du tome V*.

149 **François** (J.-C.). Jean-Fr. Denis, trésorier général des bâtiments. — Marguerite-Claude Denis, née de Foissy. 2 ép. en bistre.

150 — Marg.-Claude Denis. Ep. avant le nom de l'artiste, à la sanguine.

151 — Marie-Anne-Fr. de Ségur de Pontchat, abbesse de Gif. Très belle ép.

152 — Alex. Savérien, Le Clair de Lyon, Joseph II, roi de Portugal, Joseph de Lorraine, archiduc d'Autriche, avant et avec la lettre. 5 p.

153 **François** (J.-C.). Portraits de philosophes modernes, gravés à la manière du crayon. 11 p. à la sanguine, avant et avec la lettre.

154 **Gaillard** (R.). Périn, secrétaire du maréchal de Belle-Isle, d'après Revel, in-8. Belle ép., toute marge.

155 **Gaucher** (C.-S.). Son Portrait d'après De Noirreterre. Très rare épreuve du 1er état, avec le nom à la pointe et avant les vers, grandes marges; plus une ép. du 3e état.

156 — Mme la comtesse du Barry, d'après Drouais. Belle ép. toute marge.

157 — Fortunée Briquet, d'après De Noirreterre. Belle ép. toute marge.

158 — Buffon, d'après Drouais, in-12. 2 ép., dont une du 1er état, avant la lettre, la tablette blanche, toute marge.

159 — Jean Timoléon de Cossé, duc de Brissac, d'après Pougin de St-Aubin. Très belle ép. du 2e état, avec l'adresse de Bligny, toute marge.

160 — Le même portrait. 2 ép., dont une du 2e état.

161 — Joseph-Paul-Aug. Cambefort, d'après Bornet. Belle ép., grandes marges.

162 — La comtesse de Carcado, d'après Mlle Loir. Belle ép., toute marge.

163 — Michel Cervantes, d'après Quéverdo. 2 ép. dont une avant la lettre, toute marge.

164 — Chapelle, d'après Le Brun, in-12. 2 ép. dont une avant la lettre, toute marge.

165 — A la mémoire de Cochin, frontispice d'après Monnet. Belle ép. grandes marges.

166 **Gaucher**. Le grand Corneille, d'après Le Brun. Très belle ép. toute marge.

167 — Desaix et la Tour d'Auvergne, médaillons soutenus par un génie. Très belle ép.

168 — Diderot, de profil, d'après Greuze. Superbe ép. du 1er état, avant la lettre, la tablette blanche, toute marge.

169 — Fénelon, d'après Vivien, ovale, in-32. Très rare ép. du 1er état, avant la bordure, tirée hors texte; plus une ép. du 3e état.

170 — Fénelon, d'après Vivien, in-12. 2 ép. dont une avant la lettre.

171 — E.-C. Fréron, d'après Cochin. Louis de Grimaldi, évêque du Mans. 2 p., belles ép.

172 — J.-B. Gail, d'après Le Barbier, pour les *Idylles de Bion et Moschus*, in-12. 2 ép. dont une à l'eau-forte pure, toute marge.

173 — Louis Gillet, maréchal des logis. 2 très belles ép.

174 — Hubert Gravelot, d'après de La Tour, in-12. Belle ép. du 2e état, toute marge.

175 — Ch.-Jean-Fr. Hénault, président honoraire du Parlement, d'après Cochin. Très belle ép. toute marge.

176 — Peter Hoen, in-8. 2 ép. dont une avant la lettre.

177 — Joseph II, en tête de page d'après Moreau le jeune. Belle ép. du 1er état, tirage hors texte.

178 — La Fontaine, d'après Rigaud, in-32. Belle ép. toute marge.

179 — Le duc de La Rochefoucauld, d'après Petitot. 2 ép. dont une à l'eau-forte pure.

180 — A la mémoire de Jacq.-Ph. Le Bas, frontispice d'après Cochin. Très belle épreuve du 1er état.

181 **Gaucher**. Le même portrait. Belle ép. toute marge.

182 — La vén. Louise de Marillac, veuve Legras, d'après Jauffret. Très belle ép., toute marge.

183 — Ch. Le Normant du Coudray, d'après Le Bel; le même personnage, d'après Le Gay. 2 p. belles ép.

184 — Louis-Auguste, dauphin de France, in-8. Belle ép., toute marge.

185 — J.-B. Marduel, curé de St-Roch, d'après Davesne. 2 ép. dont une avant le numéro.

186 — Marie-Cécile, princesse ottomane; — Catherine II, impératrice de Russie, d'après Houdon. 2 p. belles ép.

187 — Marie Leckzinska, entête de page, d'après Nattier. Belle ép. glomisée.

188 — La baronne de Noyelles, d'après De Pasche. Très belle ép.

189 — Jean Racine, d'après Santerre, in-8, orné. Très belle ép.

190 — Le même personnage, gravé pour l'édition Pougin, 1796. Très belle ép. avant la lettre, toute marge.

191 — Mme Roland, d'après Nicollet. Très belle ép. grandes marges.

192 — J.-J. Rousseau, in-4. Belle ép.

193 — Le comte de Vergennes, d'après Callet, in-12, orné. Très belle ép.; plus une copie par T. Holloway.

194 — Poëtes français, in-12. Suite complète de 11 p.; plus deux doubles.

195 — Poëtes français. 7 p. avant la lettre, dont deux à l'eau-forte pure.

196 **Gaucher**. Entête du diplôme de membre de la Société philotechnique de Paris, d'après Le Barbier. Belle ép.

197 — Blaise Pascal. — Edmond Hallei. — Isaac Newton. 3 p. belles ép.

198 — P.-S. Fournier. — Cailhava. — Duveyrier. — Le baron de Carondelet. 4 p.

199 — A. de Piis. — Marmontel. — Jauffret. — G.-J. Soret. — Demoustier. — Florian. — Le roi René, avant et avec la lettre. — J.-Paul-André de St-Marc. — Métastase. 10 p.

200 — Charles Villette. — Le général Monnier. — Dupaty. — Le comte d'Estaing. — Lamoignon Malesherbes. — L'abbé Sicard, etc. 8 p.

201 — Henri de Prusse, Kotzébue, avant et avec la lettre, le Comte d'Hartig, Gustave III, P. de Joly, Marc-Aurèle, Tibulle, Anacréon. 9 p.

202 — Bossuet, Fénelon, Fr. Lefort, Fanny Beauharnais, Jeanne d'Arc, Diderot, Demoustier, La Tour d'Auvergne, etc. 21 p.

203 **Goltzius** (H.). Jean Zurenus, Belle ép.

204 **Grignon**. Charlotte de Harlay, carmélite ; — Fr. Malier, évêque de Troyes. — M. Vincent de Paul. 3 p.

205 **Gunst** (P.). Saint-Evremond, le duc d'Albe, Jacques Ier, Thomas Morus, etc. 16 p.

206 **Guttenberg**. L. H. de Nicolaï, d'après Viollier. Belle ép.

207 **Habert**. Louis Phélypeaux de Pontchartrain, Abel de Sainte-Marthe, Joseph Dominique, acteur, etc. 5 p.

208 **Habert**. Portraits de Jansénistes, évêques, chanoines, jésuites, etc. 23 p.

209 **Halm**. De Croismare Delasson, d'après Cochin. Très belle ép.

210 **Heineken** (C.-F.). Son portrait, d'après Aug. de Saint-Aubin. Très belle ép. Rare.

211 **Henriquez** (B.-L.). Pascal Paoli, d'après Drolling, in-fol. Très belle ép., toute marge.

212 — D'Alembert. — Diderot, — Voltaire. 3 p. belles ép.

213 — Louis-Séb. Mercier, — Ph. Bouvart, — L. Claude Cadet. 3 p. belles ép.

214 **Heyden** (J. de). Didier Erasme, en pied. Belle ép., marge.

215 **Hivenne**. Ant. Arnaud, — J.-B. Santeuil. — Le Nain De Tillemont, in-8°. 3 p. très belles ép.

216 **Hollar** (W.). Lucas et Corn. de Waël, Charles Ier, l'Arétin, P.-P. Rubens, Thomas Howard, etc. 14 p. belles ép.

217 **Houbraken**. Œuvre de J. Houbraken. 87 p. belles ép.

218 **Hubert** (F.). Fénelon, d'après Vivien. 2 ép, avant la lettre, dont une avant les noms d'artistes.

219 — E.-C. Fréron, d'après Cochin. Très belle ép. grandes marges.

220 — Hue, marquis de Miroménil, d'après Méon. Belle ép.

221 — Portraits des Marins célèbres, d'après Graincourt. 19 p. très belles ép.

222 — Portraits de la même suite. 16 p. avant toutes lettres, non rognés.

223 **Huot** (F.). N. De Launay, graveur du roi, d'après Aug. de Saint-Aubin. 2 très belles ép. dont une avant les vers.

224 — Court de Géhelin. — La Harpe. — Gros de Besplas. — Le grand Frédéric. 5 p. très belles ép.

225 **Huret** (Grég.). Louis XIV enfant. — Jacques Boyceau. — D'Avila. — François, duc de Lesdiguières. — Jean de Saint-Bonnet, seigneur de Toyras. — Le cardinal de La Rochefoucauld. 6 p. belles ép.

226 **Ingouf** (P.-C.). Jean-Georges Wille, graveur du roi. Belle ép.

227 **Ingouf** Junior. Jean-Jacques Flipart, graveur du roi. Très belle ép. avant l'adresse.

228 — Le même portrait. Très belle ép.

229 — Hue de Miroménil, médaillon soutenu par des Amours, in-4°. Belle ép.

230 — Jérôme de Lalande, d'après Pujos. 2 ép. dont une avant l'adresse de Lattré.

231 — Portrait de Marivaux, d'après Pougin de Saint-Aubin. Belle ép., toute marge.

232 — Jean-François de Miniac, d'après Vestier, in-12. Très belle ép.

233 — Jérôme Bignon, Crébillon, Joseph de Laporte, Jean-Jacques Rousseau, Pierre-Simon, imprimeur du Parlement, etc. 10 p. belles ép.

234 — Collection des poëtes français, in-12. Suite complète de 26 p.

235 — Portraits de la même collection. 24 p. avant la lettre, la plupart à toutes marges.

236 **Isaac** (Jaspar). Pierre Terrail, seigneur de Bayard. Très belle ép. marge.

237 — Pet. Danet. — Michel de Castelnau. — Louis Charondas. — Et. Paschasius, 4 p.

238 **Janinet.** Et. de Loménie de Brienne, archevêque de Toulouse, d'après Cossard. Très belle ép. en couleur, toute marge.

239 **Joullain.** Fr.-V. Le Tonnellier-Breteuil, d'après Vanloo. Belle ép.

240 — Aymon 1er. — Ch. Rivière Dufresny, d'après Coypel. 3 p. belles ép.

241 **Le Beau.** La comtesse du Barry, d'après Marilly. Très belle ép., toute marge.

242 — Victor-François duc de Broglie. Très belle ép. avant le n°, toute marge.

243 — Louis-Joseph de Bourbon, prince de Condé. Très belle ép. avant le n°, toute marge.

244 — C.-F. Diderot, d'après Binet. Très belle ép. avant le n°, toute marge.

245 — Louis XVI, roi de France. Très belle ép. avant le n°, toute marge.

246 — Louise-Marie de France, d'après Queverdo. Très belle ép., marges.

247 — Marie-Thérèse, reine de Hongrie et de Bohême. Très belle ép. avant le n°, toute marge.

248 — Louis de Bourbon, duc de Penthièvre. Très belle ép. avant le n°, toute marge.

249 — Alexandre Pope, d'après Kneller et Marillier. 2 ép., dont une avant l'adresse, grandes marges.

250 — Ant. Leclerc de Juigné, archevêque de Paris, l'abbé Terray, Bossuet. 4 p. Belles ép.

251 **Le Beau.** Ch. Goldoni, Réné Pucelle, Montesquieu, Frédéric-Guillaume, roi de Prusse, etc., 7 p. belles ép.

252 — Le Maréchal de Saxe, le duc de la Vrillière, M. de Sartine, le Chancelier de Maupéou, P.-Laurent de Belloy, 5 p., belles ép. avant le n°.

253 — La duchesse de Chevreuse, Marie de Gonzague, Marion Delorme, le comte de Grammont, Cinq-Mars, le duc de Buckingham, d'après Dugoure, 6 p., belles ép.

254 **Legoux.** Louis XVI, très petit médaillon, d'après Boze. Belle ép. imprimée sur satin.

255 **Le Mire** (N.). Jeanne d'Arc, d'après un ancien tableau de l'Hôtel de Ville d'Orléans. Trés belle ép.

256 — Hue de Miroménil, composition allégorique en forme de tête de page, très belle ép., toute marge; *plus* l'explication de cette allégorie, avec entourage de fruits de la Normandie, gravée par Bacheley. Cette pièce est rarissime.

257 — Joseph II, très petit médaillon. Belle ép.

258 — Laure et Pétrarque, deux très petits médaillons, plus un portrait de Laure avec un entourage orné.

259 — Alexis Piron, d'après Lépicié. Très belle ép., toute marge.

260 — Poullain de Ste-Foix, d'ap. Pougin de St.-Aubin, 2 ép. dont une avant l'adresse de la ve Duchesne, toute marge.

261 — Louis XV, le grand Frédéric, Bernis, entête de page et frontispices, 7 p.

262 **Lempereur.** Marguerite Lecomte, d'après Watelet. Très belle ép., toute marge.

263 — Le même portrait. Belle ép.

264 **Lempereur.** Jean-Fr. de Marcorelle, baron d'Escale, d'après Bourgoin. Très belle ép., grandes marges. Rare.

265 — Percenet, architecte, le baron d'Escale, etc., 4 p.

266 — Franc. Coppette, d'après Méon, 2 ép. dont une avant les deux dernières lignes de texte.

267 — Ph. Cayeux, Aug. Bocciardi, sculpteur, J.-D. Antoine, architecte, 4 p.

268 **Lenfant.** Ferdinand de Neufville, évêque de Chartres, buste grandeur naturelle. Très belle ép.

269 **Léoni** (Ott.). Portraits de peintres italiens, etc. 23 p.

270 **Lépicié.** Antoine Watteau, d'après lui-même. Belle ép.

271 **Leroy** (J.). Ch. Eléonor Dubut, curé de Viroflay. Très belle ép.

272 **Letellier.** Anne Vallayer-Coster, d'après elle-même. Belle ép. sans marge.

273 **Le Vasseur.** Paul d'Albert de Luynes, cardinal, in-8. Ép. avant toutes lettres, grandes marges.

274 — Pierre Pomme, médecin, le comte d'Argenson, l'abbé d'Olivet, etc., 4 p.

275 **Lévesque** (P.-C.). Jean Causeur, centenaire, d'après Caffiery. 2 ép. dont une avant toutes lettres, la tablette blanche.

276 — Aug.-Eugène Hay, écuyer. 2 très belles ép. dont une avant l'adresse de l'imprimeur.

277 — J. Sédaine, d'après J.-L. David. Très belle ép.

278 — Le duc de La Vrillière, d'après Vanloo. Très belle ép. avant toutes lettres.

279 **Lévesque.** Le même portrait. Ép. avant la lettre.

280 **Lalive de Jully.** Son portrait d'après Cochin. Belle ép. Rare.

281 — Mme la marquise de Maintenon. Belle ép.

282 **Landry.** Le Président de Mesmes, Manesson Mallet, Ant. Godeau, Fr. Favre, Jacq. Eveillon, le P. Philippe Thibaud, etc. 11 p.

283 **Langlois** (J.). André Wernesson, Jean Pètre, Richelet, etc. 5 p.

284 **Larmessin** (De). Louis XV, Turenne, Denis Marin, P. Danet, évêque de Lavaur, etc. 6 p.

285 — Portraits de la suite de Larmessin. 76 p.

286 **Lasne** (Michel). Ant. de Loménie, conseiller et secrétaire d'État, d'après Ferdinand. Très belle ép. marges.

287 — François Quesnel, peintre. — Barthélemi Tremblay. — Isaac de Laffémas. — Brulart de Sillery. — Marescot. 5 p., belles ép.

288 — Réné Moreau, médecin, Louis, baron de Chabans, Dupleix, Nicolas de Verdun, Mazarin, Denis Petau, jésuite, André Duval, Jacq. Doublet, abbé de Saint-Denis, etc. 22 p.

289 **Launay** (N. de). Bernard de Bonnard, d'après Vestier, in-8. Très belle ép., toute marge.

290 — Étienne François duc de Choiseul, d'après Vanloo. 2 belles ép. dont une avant les quatre vers.

291 — Sébastien Leclerc fils, d'après Nonotte. Belle ép.

292 — Le Comte de Tressan, d'après Borel. Très belle ép., toute marge.

293 — Petits portraits d'après Marillier, gravés pour la collection Cazin, in-12. 14 p., très belles ép.

294 **Launay** (Rob. de). Dazincourt, acteur, in-8. Très belle ép.

295 — Mme de Graffigny, in-12. 2 ép. dont une avant la lettre, toute marge.

296 — Louis IX, roi de France, d'après B.-L. Prévost, entête de page. Ép. tirée hors texte, toute marge.

297 — L'abbé de Voisenon, d'après Vigié, in-12. 2 ép. dont une avant la lettre, toute marge.

298 — Le Comte de Caylus, Nicolas Mesnager, Necker, etc. 10 p.

299 **Lingée** (Mme). Antoine Petit, professeur à la Faculté de médecine, d'après Cochin. 2 ép. dont une avant la lettre, grandes marges.

300 — Canavas. — Gaurier. — Séjan, ronds in-8, d'après Cochin. 3 p.

301 — Colardeau, d'après Trinquesse, in-4 à la sanguine. — Le Sage, in-12, avant la lettre. 2 p. belles ép.

302 — Le Tourneur, d'après Pujos, avant la lettre. — Marchand, censeur royal. — Lenoir, lieutenant de police. — François Trumeau de la Consy. 4 p. belles ép.

303 — Bréval. — Chenard. — Duport. — Lancez. — Lochon. — Mandini. — Moline. — Naudeville, d'après Moreau le jeune et Cochin. 8 p. belles ép.

304 **Lips**. Personnages de l'époque de la Révolution, etc. 11 p.

305 **Littret**. Pierre-Laurent de Belloy, in-8. 2 ép. dont une avant le numéro.

306 — Le même personnage, in-4, ép. avant toutes lettres, non terminée.

307 **Littret**. Portrait de Favart, d'après Liotard. Très belle ép. toute marge.

308 — Le président Hénault. — De Sartines. — Sauvé de La Noue, etc. 6 p.

309 **Livens** (Jean). Ephraïm Bonus. — Daniel Heinsius. — Jacques Goutero, musicien, 3 p. Belles ép.

310 **Lombart** (P.). Jean Daillé. — Chassebras de la Grandmaison. — Le Gazetier de Hollande, 3 p. belles ép.

311 **Longueil** (de). Louis XVI. Allégorie sur son avènement au trône, d'après Cochin. Très belle ép. du 1er état, avant que les vers aient été changés.

312 — Gasp. de Fontanien, conseiller d'État, d'après Quéverdo. Très belle ép., marge.

313 — Le même portrait. Belle ép.

314 **Lorraine** (de). L'abbé Aubert, en deux états. — Le maréchal d'Estrées. 3 p. belles ép.

315 **Lubin**. Séb. de Pontaut, seigneur de Beaulieu. — Portraits tirés des *Grands hommes de Perrault*. 38 p.

316 **Macret**. Joseph Le Gros, de l'Académie royale de musique, d'après Le Clerc. Très belle ép., grandes marges.

317 — Degravers, oculiste. — Jean Chardin, médecin. 2 p. très belles ép.

318 **Malapeau**. Portrait de Quinault, en tête de page in-8. Très belle ép. avant la lettre, toute marge.

319 **Maleuvre**. D'Alembert. — Le comte d'Aranda. — D'Aguesseau. — Bélidor. — Poullain de Sainte-Foix. 5 p. belles ép.

320 **Marais.** P.-Fr. Basan, d'après Cochin. Épreuve avant la lettre, les noms d'artistes à la pointe.

321 — Le même portrait. Belle ép.

322 **Marcenay** (de). Son portrait d'après lui-même, in-fol. Épreuve avant la lettre, non terminée.

323 — Portrait de Jeanne d'Arc. Très belle ép.

324 — Jacq.-Fr. Chastenet de Puységur, médaillon sur un mausolée, d'après Legrand. Belle ép.

325 — Le maréchal de Saxe. — B.-G. Sage. 2 p. très belles ép.

326 — Le chevalier Bayard. — Charles V. — Charles VII. — Henri IV. — Michel de L'Hôpital. — Sully. — De Thou. — Le maréchal de Villars. 8 p. belles ép.

327 **Marchand** (J.) Égide de Bertrand Pibrac, directeur de l'Académie royale de chirurgie, d'après Lemonnier. Très belle ép.

328 **Martenasi** (P.). E. Jeaurat, d'après Cochin. Belle ép.

329 **Martinet.** Jacques Daran. — Charles de Fieux. — François Ier. — Philippe-Auguste, 4 p. Belles ép.

330 **Massard** (J.). Hubert Gravelot, d'après La Tour. Belle ép.

331 **Mechel** (Chr. de). Charles Louis, archiduc d'Autriche, in-fol. Très belle ép. en couleur.

332 **Meerlen** (Van). Marie Moreau, dame de Sancy, âgée de vingt-cinq ans. — Le même personnage, plus âgée. 2 p. très belles ép.

333 — Achille de Harlay, évêque de Saint-Malo. — Ferdinand de Neufville. 2 p. belles ép.

334 **Meerlen** (Van). Nicolas de Harlay. — Nic. de Harlay, seigneur de Sancy. — Achille de Harlay, premier président au Parlement, 4 p. belles ép.

335 **Mélini**. Charles-Emmanuel III, roi de Sardaigne, in-fol. Très belle ép. glomisée.

336 **Miger**. Bailly, maire de Paris, d'après Boizot. Très belle ép., toute marge.

337 — Jacq.-Ant. Barathier, marquis de Saint-Auban, d'après Choffard. Très belle ép.

338 — Charles aux Tuileries, le 1er décembre 1783. Très belle ép. avant les lettres A. P. D. R.

339 — Jean-Fr. Delacroix, député du département d'Eure-et-Loir, d'après La Neuville. Très rare ép. à l'eau-forte pure.

340 — Le même portrait. Belle ép.

341 — Dubois-Crancé, député du bailliage de Vitry, d'après David. Très belle ép., grandes marges.

342 — Portrait de Mme Geoffrin, in-4°. Très belle ép. avant la lettre, grandes marges.

343 — Rigoley de Juvigny, conseiller au Parlement de Metz, d'après Cochin. 2 ép. dont une avant les vers.

344 — Petits portraits ronds d'après Cochin. 13 p. très belles ép.

345 — Portraits tirés de la Galerie universelle. 8 p. dont une avant la lettre.

346 — Portraits de princes et princesses de la maison de Bourbon. 10 p.

347 — Dortous de Mairan. — Nic. Guy Brenet. — David Hume. — Le comte de Brühl. — Moireau. — Ant. Louis. 8 p. belles ép.

348 **Miger.** Le marquis de Pombal. — De Sartine. — Nicolas Vernier. — Gluck. — Jean-J. Rousseau. — Voltaire. 6 p. très belles ép.

349 — Buchan. — Jos. Caillot. — A. de La Croix. — L. Guichard. — A. Le Monnier. — Joseph Philip. — Le duc d'York, avant la lettre, etc. 12 p.

350 **Moitte** (P.-E.). Caradeuc de La Chalotais, procureur général du roi au Parlement de Bretagne, d'après Cochin, 2 p. dont une avant les noms d'artistes, toute marge.

351 — Cliquot de Clerval, d'après Cochin. 2 p. dont une avant toutes lettres.

352 — Cliquot-Blervache, d'après Cochin. Belle ép.

353 — Camille Falconnet, le comte d'Aranda, J. N. Moreau, Cl. Léger Sorbet, Crébillon, Julien Le Roy, etc. 8 p.

354 **Moles** (P.-P.) Le duc d'Albe, de profil, in-fol. Très belle ép., avant la lettre.

355 **Montcornet.** Portraits de la suite de Montcornet. 274 p. dont plusieurs avant les armoiries dans les angles du haut.

356 **Moreau** le jeune. A.-E.-M. Grétry, musicien. Très belle ép. marge.

357 — De Jarente, évêque d'Orléans, en tête de page. Très belle ép., avant le texte au verso, grandes marges.

358 — J.-B. de La Borde, auteur des Chansons, d'après Denon. Très belle ép., toute marge.

359 — D. Pineau, sculpteur, d'après Mérelle. Très belle ép., grandes marges.

360 **Moreau** le jeune. Louis Phélipeaux, duc de La Vrillière, d'après Roslin. Très belle ép., toute marge.

361 **Moret.** Louis d'Assas, capitaine au régiment d'Auvergne. Très belle ép. en couleur, toute marge.

362 **Nicollet.** Sayffert, docteur-médecin, in-4. Très belle ép., avant toutes lettres.

363 — Le même portrait. Ép. également avant toutes lettres,

364 — Guichard. — De La Place. — Le Seur. — L'abbé Desmonceaux. 4 p.

365 — Ch. Pierre Coustou. — Noël Hallé. — Jacquier. Nic. de Montholon. — Ant. de Parcieux. — Péronneau. — A. Roslin, d'après Cochin. 7 p. belles ép.

366 **Nilson** (J.). Portraits avec entourages rocaille. 44 p., belles ép.

367 **Parizet.** Madame Dupuy, d'après Pujos. 2 ép., dont une avant la lettre.

368 **Pasch** (C.-L.) Le comte Strogonoff, d'après Cochin. 2 ép. dont une avant la planche coupée.

369 **Passe** (Crispin de). Isabelle de Bourbon, sœur d'Henri IV. — Isabelle-Claire-Eugénie, infante d'Espagne. 2 p., très belles ép.

370 — Christophe Colomb, Philippe II, Gabriel Rollenhague, Menou de Charniz, Ferd. Magellan, Jacques VI, roi d'Ecosse, André Doria, etc. 22 p.

371 **Petit.** Edme Mongin, évêque de Bazas. — Jean Bouhier, évêque de Dijon. — Philibert Papillon, chanoine. 3 p., belles ép.

372 — Marie Lekzinska ; Marie de La Fontaine Solare de la Boissière ; de Maupeou ; le Maréchal de Saxe ; de Lowendall, etc. 7 p.

373 **Picart** (Jean). François de Harlay, archevêque de Rouen. — Henri de Sourdis, archevêque de Bordeaux. 2 p., belles ép.

374 — Pierre Davity, seigneur de Montmartin; P. de Fabry, César, cardinal Baronius, etc. 7 p.

375 **Picart** (Et.). Marie de Lorraine, duchesse de Guise, in-8. Très belle ép.

376 — Mathieu de Montreuil, J. de Ponsemotte de l'Etoile, Cl. de Briou, André Hameau, etc. 5 p.

377 **Picart** (B.). Portrait du maréchal de Noailles, en tête de page. Très belle ép. tirée hors texte, grandes marges.

378 — La Fontaine, Corneille, Mézeray, Louis XIV, et frontispices divers. 15 p.

379 — Portraits de personnages anglais et autres. 35 p., belles ép.

380 **Pitau** (N.). Charles Mavelot, graveur. Belle ép.

381 — Françoise-Marg. de Joncoux, Ph. Goybault, sieur du Bois, J.-Paul Bignon, Adrien Bourdoise, Nic. Colbert, évêque de Luçon, etc. 15 p.

382 **Poilly** (F.). Henry Arnauld, évêque d'Angers. — Nicolas Fouquet. — P. le Moyne. — Philippe duc d'Anjou, Denis Talon. 5 p., belles ép.

383 **Poilly** (J.-B. de). P. Boudot, Jean Pinel, curé de Saint-Séverin; P. Le Moyne, J. George de Souillac, évêque de Lodève, etc. 8 p.

384 **Pompadour** (Mme de). Jacquot, tambour-major du régiment du roi. — Camées. 3 p.

385 **Ponce** (N.). Mlle de Louvancourt. — Mme de la Suze, d'après Marillier; entêtes de pages tirés du *Parnasse des Dames*. 2 p. tirées hors texte.

386 **Pouget.** La Comtesse de Bury. in-4. Belle ép.

387 **Prévost** (B.-L.). Le Marquis de Marigny. Médaillon sur un mausolée d'après Cochin. Épreuve du 1er état, avant la lettre, grandes marges.

388 — La même estampe. Très belle ép. du 2e état avec les vers.

389 — Médaille avec le portrait de Cook, et une allégorie sur le revers, Ép. du 1er état avant la réduction de la planche.

390 — Hue, marquis de Miroménil, d'après Cochin. 2 ép., dont une avant l'adresse du graveur.

391 — Frontispice avec le portrait de Sébastien Leclerc. — Louis XV, d'après Cochin. 3 p.

392 **Pruneau** (N.). Guiot de Chenizot, conseiller au Parlement, d'après Pujos. Ep. avant toutes lettres.

393 — Boërhave. — Alb. Haller. — Van Swieten. 3 p., belles ép.

394 **Rochefort** (P. de). Gérauld de Cordemoy, de l'Académie française. — Guyet de Chevigny. — Bourdaloue. 3 p. belles ép.

395 **Romanet.** Louis-Fr. de Bourbon, prince de Conti, grand prieur de France, in-fol. 2 très belles ép. dont une avant l'adresse de Bligny

396 — Ant. Court. de Gébelin, médaillon sur une console, d'après Mlle Linot. Très belle ép.

397 — Julie de Villeneuve Vence de Saint-Vincent, petite fille de Mme de Sévigné, d'après Barthelmy. 2 très belles épreuves, dont une avant les adresses.

398 — Robert Nanteuil. — Garrick. — Christophe de Beaumont, archevêque de Paris. — Guill. Périer.— Winslow. 5 p. belles ép.

399 **Roullet** (J.). Catherine Touchelée, femme de Hilaire Clément, procureur au parlement. 2 belles ép. dont une avant le nom dans la bordure.

400 — Jean Delpech, Hilaire-Clément Michel, maréchal-ferrant avant la lettre, etc. 7 p.

401 **Rousseau** (J.-F.). J. de Troy le fils, d'après Cochin. Ép., avant toutes lettres (la lettre manuscrite).

402 **Roussel** (Paul). Le cardinal de La Rochefoucauld. — Édouard Olier, seigneur de Fontenelle. — Étienne Tonnellier, curé de St-Eustache. 3 p., belles ép.

403 **Rousselet** (Eg.). Le comte de Rantzau. — Odoard Farnèse. — Soyer. 3 p., belles ép.

404 **Sadeler**. Portraits divers. 8 p., dont une avant toutes lettres.

405 **Saint-Aubin** (Aug. de). P.-A. Caron de Beaumarchais, d'après Cochin, in-4. (E. B. 14). Belle ép. collée.

406 — Caffiéry, sculpteur du roy, d'après Cochin. (E. B. 34). Très belle ép.

407 — Laurent Cars, d'après Cochin (E. B. 35). Belle ép. du 2e état avec les noms d'artistes à la pointe, collée.

408 — Le même portrait, 2 belles ép., dont une du 4e état, avant l'adresse.

409 — Cl.-Joseph Clos, conseiller d'État (E. B. 46). Très belle ép. du 2e état, avant la lettre, la tablette blanche, grandes marges.

410 — Ch.-Nicolas Cochin, d'après lui-même (E. B. 47). Très rare ép. du 2e état, à l'eau-forte pure.

411 — Le même portrait. Ép. du 4e état, avant toutes lettres, la tablette blanche.

412 **Saint-Aubin.** Crébillon fils, d'après Gastinel, in-8 (E. B. 63). Très belle ép., grandes marges.

413 — J.-B. Bourguignon d'Anville, d'après Duvivier (E. B. 66). Ép. du 3e état, lettres grises, tablette blanche, toute marge.

414 — Denis Diderot, d'après Van Loo (E. B. 73). Très belle ép. du 4e état, avant le mot *tome* 4, marges.

415 — Dorat, d'après Denon, in-8 (E. B. 75). Belle ép., toute marge.

416 — J. Dumont-le-Romain, d'après Cochin (E. B. 77). 2 ép., dont une du 1er état, à l'eau-forte pure.

417 — Fenouillot de Falbaire de Quingey, d'après Cochin (E. B. 78). 2 ép., dont une avant les noms d'artistes.

418 — Fénelon, d'après Vivien, in-4 (E.-B. 79). 2 ép., dont une avant la lettre.

419 — Benjamin Franklin, d'après Cochin (E.-B. 85). Belle ép., toute marge.

420 — Henri IV, de face, in-8 (E. B. 101). 4 ép. en états différents, toutes marges.

421 — Jérome de Lalande, in-4 (E. B. 116). 2 ép. des 2e et 3e états, avant les noms d'artistes.

422 — Le Kain, acteur, d'après Le Noir, in-fol. (E. B, 128). Très belle ép.

423 — Mme Le Normant d'Etiolles, d'après Cochin (E. B. 130). Ép. du 2e état, avant le nom de *Marmontel,* au-dessous des quatre vers.

424 — S. Linguet, in-4 (E. B. 134). Belle ép.

425 — Louis XV. Allégorie servant de frontispice à l'*Histoire de la Maison de Bourbon,* in-4 (E. B. 144). Très belle ép. du 2e état.

426 **Saint-Aubin**. Lulli, musicien (E. B. 155). Très belle ép.

427 — Fr.-René Molé (E. B. 177). 2 ép., dont une avec les noms d'artistes à la pointe.

428 — Jean-Jos. Casanea de Mondonville, d'après Cochin (E. B. 182). 2 ép., dont une avant l'adresse.

429 — Marc-René de Montalembert, d'après La Tour (E. B. 186). Très belle ép., toute marge.

430 — Necker, d'après Duplessis, in-8 et in-fol. (E. B. 197-198). 2 p., belles ép.

431 — Louis-Philippe, duc d'Orléans; frontispice de la *Description des pierres gravées* (E. B. 202). Belle ép., toute marge.

432 — Joseph Pellerin, in-8 et in-fol. (E. B. 207-208). 2 p., belles ép.

433 — And. Danican Philidor, d'après Cochin (E. B. 210). 2 ép., dont une d'un état *non décrit.*

434 — Claude-Math. Radix. — Marie-Élisabeth Denis, d'après Cochin (E. B. 228-229). 2 p., très belles ép.

435 — J.-Ch. Rameau, d'après Caffiéri (E. B. 230). — Voltaire, d'après Lemoyne (265). 2 p., belles ép.

436 — Rois et Empereurs (E. B. 240), feuilles 1 et 3. Très belles ép. du 1er état.

437 — Gert.-Françoise Vandergoès, in-8 (E. B. 260). Très belle ép., toute marge.

438 — Marie-Antoinette. Allégorie sur son avènement au trône, d'après Cochin (E. B. 336). Très rare ép. du 2e état, à l'eau-forte pure, mais avec l'encadrement, avant toutes lettres.

Cette estampe a été terminée par De Longueil.

439 — C.-F. Abel. — Guérillot. — P.-J. Marco. — L. F. Prault. — Sacchini, ronds in-8, d'après Cochin. 5 p. belles ép.

440 **Saint-Aubin.** E.-J. Blanchard. — Guill. Coustou. — Ant. de Parcieux. — Gauzargues. — Pierre Jeliotte. — Ch.-Ant. Jombert. 6 p., très belles ép.

441 — De Belloy. — Jacq. Amyot. — Bosquillon. — Dolomieu. — Jérôme-Fr. Bignon, conseiller d'État. — Charles XII. — Young. — Zannouvich. 8 p., belles ép.

442 — Languet de Gergy. — J.-B. Le Blanc. — Guill. Le Blond. — Léonard Leroux. — L'abbé Pommyer. — J.-B.-M. Pierre. — Salv. Morand. 8 p., très belles épreuves.

443 — J. Monet. — Ch. Lorry. — De Maleteste. — Gluck. — Gessner. — Worlock. 6 p., très belles ép.

444 — Jacques Roëttiers. — Jos. Roëttiers. — Savalette de Bucheley. — Trudaine. 5 p., très belles ép.

445 — Marie de Médicis, Lady Hamilton, Amelot, La Motte-Piquet, J.-B. Sanson, Montaigne, etc. 14 p.

446 — Portraits de la collection Renouard. 25 p., belles épreuves.

447 **Schenk.** Portraits gravés à l'aquatinte. 13 p., belles ép.

448 **Schmidt** (G.-F.). Christian-Auguste, prince d'Anhalt, d'après Ant. Pesne, in-fol. Très belle ép.

449 — George Dietlof d'Arnim, ministre de Prusse, in-fol. Très belle ép.

450 — La baronne de Grapendorf, portrait avec allégorie, in-fol. Très belle ép.

451 — L'abbé Prévost, in-4. Très belle ép.

452 — Splittgerber. — Vogueil, in-fol. 2 p., très belles ép.

453 — Guyot-Desfontaines, le prince Eugène de Savoie, Frédéric III, roi de Prusse, J. Bernoulli, etc. 9 p., belles ép.

454 **Schuppen** (Van). Charles-Maurice Le Tellier, archevêque de Reims, d'après Mignard. Belle ép.

455 — Antoine Verjus, d'après Loir. 2 ép., dont une du 1er état, avant différents changements dans la lettre.

456 — Barbot de Lardenne, d'après F. Vouet. — Théod. Bignon, d'après de Troy. — Nic.-Jos. Foucault, d'après Largillière. 3 p., belles ép.

457 — Louis XIV. — Michel Le Tellier. — Fr. et Pierre Pithou. — Fr. Pinsson. 5 p.

458 — Pierre de Monchy, Louis Thomassin, Martin de Barcos, P. de Marca, archevêque de Paris, P. Mercier, etc. 6 p.

459 — Louis de Pontis, Ch. de Saveuses, Michel Le Tellier, médaille, Jean Hamon, Cl. de Lingendes, etc. 14 p.

460 **Scotin**. Pélisson, Eustache Le Noble, J.-B.-Elie Avrillon, La Fontaine, etc. 7 p.

461 **Sergent**. Turenne. — Henri-Fr. des Herbiers. — Catinat. — Jacques II. — Goyon de Matignon. — Bertrand du Guesclin. — J.-B. de Valbelle, etc. 7 p. en couleur, dont deux avant la lettre.

462 **Seupel** (Van). Le marquis de Chamilly, gouverneur de Strasbourg. — Jacq. de Tarade. 2 p., belles ép.

463 **Silvestre** (Suz.). Jean Nocret, peintre du roi, d'après lui-même. Très belle ép.

464 **Simonneau** l'aîné. Portrait de Turenne, en tête de page. Très belle ép. avant le texte au verso.

465 — M. Cochet de Saint-Vallier. — Le duc de Bourgogne. — P. Thomas, seigneur du Fossé. — Nicolas Mesnager. 4 p., belles ép.

466 — Le Nain de Tillemont, Jean-Paul Bignon, Ant. Arnault, Ant. Le Maistre, Bourdaloue, etc. 12 p.

467 **Tanjé**. Des Forges Maillard, Ch. de Montgon, Charles XII. etc. 8 p.

468 **Taraval** (J.). Guillaume-Raph. Taraval, premier peintre du roi de Suède. Très belle ép.

469 **Thomas** (N.). Le comte de Milly, d'après Notté. Ép. avant la lettre.

470 **Thomassin** (S.). Richelet. — Pierre Sylvain. — Louis XIV. — Le duc de Noailles. — Pierre et Thomas Corneille. 8 p., belles ép..

471 — Moréri, Bart. Auzanet, Cl. Fleury, Séb. Truchet, princes de Saxe, etc. 24 p.

472 **Tilliard**. Jacques Pernetti, d'après Liotard. 2 ép. en états différents.

473 **Trouvain** (A.). Le P. de la Chaise, Le Maistre de Sacy, Jacq. Le Pelletier, Hyp. Féret, Fr. de Clermont, évêque de Noyon, Ant. Le Vachet, etc. 10 p.

474 **Vangélisty**. Le prince et la princesse de Conty, d'après Petitot. 2 p., très belles ép. avant le n°.

475 — Les mêmes portraits. 2 p., belles ép.

476 — Louis-Henri de Bourbon Condé, duc de Bourbon. Très belle ép., toute marge.

477 — Ant.-Joseph Desallier-d'Argenville, d'après Rigaud. 2 ép., dont une avant la lettre.

478 — Buffon. — Jacques Delille, d'après Pujos. — Du Couëdic. 4 p., belles ép.

479 — Portraits tirés de la *France illustre*. 23 p.

480 **Vasari** (G.). Portraits des plus célèbres peintres, sculpteurs et architectes, gravés sur bois. 129 p. à plusieurs sur la feuille.

481 **Vermeulen**. Anne-Marie-Louise d'Orléans, d'après Rigaud. Ép. avant toutes lettres, un morceau enlevé dans le bas.

482 **Vermeulen**. Lefèvre de Caumartin. — Fréd. Léonard. — Jean de la Quintinie. — Ant. de Courtin. — J.-Henry d'Anglebert. 5 p.

483 — P.-P Sévin, peintre; J.-Jos. Lespée, Jacq. Sismondi, Cromwell, etc. 9 p.

484 **Vinsac**. Mably. — De Lisle de Sales. — Le prince de Prusse, d'après Pujos, 4 p.

485 **Visscher** (C.). Jean Calvin en pied, dans son cabinet. — Théodore de Bèze. 2 p., belles ép.

486 **Vosterman**. Portraits divers. 10 p.

487 **Voyez** l'aîné. J. Louis du Buisson de Beauteville, évêque d'Alais. Belle ép.

488 — Ab. Duquesne, le duc de Vendôme, Michel de Montaigne, le président Hénault, Mlle de La Vallière en Madeleine, etc. 12 p.

489 **Watelet**. Frontispice avec buste de Corneille, d'après Pierre, in-8. Ép. avant la lettre.

490 — Brunet de Neuilly. — S. Boutin. — Laure, chevalier de Breteuil. — D'Alembert. — Baudoin. — Bay de Curys, d'après Cochin. 6 p.

491 — P. Joliot de Crébillon. — Chastre de Billi. — F. de Chevert. — Clairaut. — P.-F. Copette. — Clément XIV, pape. 7 p.

492 — C. Hurson, intendant de Toulon, Louis de Sylvestre, C. Sarrau, De Vallière, de Valogny, comte de Vence, Marc-René, marquis de Voyer, etc. 10 p.

493 **Wiérix** (J.). Rudolphe II, empereur des Romains. — Albert, archiduc d'Autriche, cardinal. 2 p., belles ép.

494 — Jean Stradan, peintre, in-fol. Belle ép.

495 — Saint Ignace et autres portraits de Jésuites. 4 p.

496 **Portraits divers**. M. de Belleforest, 1580; beau *dessin* aux deux crayons, attribué à Clouet dit Janet.

497 — Portrait de jeune femme, médaillon dans un entablement, avec six vers, époque Louis XVI, in-4. Très belle ép.

498 — Portraits avant la lettre et à l'eau-forte pure. 42 p.

499 — Chronologie collée; copie de celle de Léonard Gaultier. 144 p.

500 — Rois, princes, hommes d'État, généraux. 63 p.

501 — Portraits de papes. 16 p.

502 — Cardinaux, archevêques, évêques. 32 p.

503 — Prêtres, religieux, ministres protestants. 66 p.

504 — Artistes peintres, sculpteurs, graveurs. 24 p. plusieurs avant la lettre.

505 — Littérateurs, poètes, savants. 27 p.

506 — Médecins, pharmaciens, botanistes. 20 p.

507 — Portraits de femmes. 25 p. dont plusieurs avant la lettre.

508 — Allemands, Flamands, Hollandais. 130 p.

509 — Anglais, Italiens, Espagnols. 34 p.

510 — Portraits gravés sur bois. 3 p.

511 — Grands portraits en pied. 44 p.

512 — Portraits équestres. 32 p.

513 — Portraits étrangers. Environ 200 p.

514 — Portraits divers. Environ 150 p.

515 — Plusieurs Cartons.

Vve Renou et Maulde, imprimeurs de la Compagnie des Commissaires-Priseurs, rue de Rivoli, 144. 400—62966

PORTRAITS

Gravés par P.-A. Varin et Autres

POUR ILLUSTRER

LES GRAVEURS DU XVIIIe SIÈCLE

ESTAMPES, PORTRAITS, VIGNETTES

PAR

M. le baron R. PORTALIS et M. H. BERALDI

Publiés par MM. MORGAND et FATOUT

1er VOLUME

* Anselin.
* Balechou.
* Bartolozzi.
Boucher.
* Cars.
* Chedel.
—
* Chodowiecki.
Choffard.
Cochin.
Debucourt.
* Denon.
* Desrochers.

2e VOLUME

Eisen.
Fragonard
Gaucher.
Gillot.
Gravelot.
Greuze.
—
* Hogarth.
* Janinet.
* Lalive de Jully.
Launay (N. De).
Lecomte (Marg.).
* Longueil (De).

3e VOLUME

Marcenay (De).
* Miger.
Moreau le jeune.
* Ponce.
Prudhon.
Regnault.
Saint-Aubin (Aug. de).
Saint-Non (Abbé de).
* Schmidt (G.-F.).
Watteau.
Watelet.
Wille.

Les 15 Portraits avec * gravés spécialement pour cette suite, ne se vendent qu'ensemble avant la lettre ou lettre grise.

Bistre ou Noir, 30 fr.; sur Chine, 37 fr. 50.

En Bistre ou en Noir, chaque........... 1 »
Sur Chine.............................. 1 25

Chez VIGNÈRES, éditeur, 21, rue de la Monnaie

Vve Renou et Maulde, imprs de la Cie des Commissaires-Priseurs, rue de Rivoli, 144. 400—62066

www.ingramcontent.com/pod-product-compliance
Ingram Content Group UK Ltd.
Pitfield, Milton Keynes, MK11 3LW, UK
UKHW021124230726
13926UKWH00002B/630